Salate

buntundlecker

> Autorin: Petra Schurk | Fotos: FoodPhotography Eising

Inhalt

Die Theorie

Die Rezepte

Frisches hat immer Saison

Mit Salat liegt man immer richtig. Zu jeder Jahreszeit ist Salat die ideale frische Beilage oder ein gesunder leichter Sattmacher. Die Variationsmöglichkeiten sind so vielseitig wie das grüne Angebot aus der Natur selbst. Egal ob roh oder gekocht, jeder Blattsalat und jedes Gemüse eignet sich für die Salatschüssel. Kombiniert mit raffinierten Dressings und Marinaden ist für jeden etwas Leckeres dabei.

Salat – Die richtige Wahl

1 | Blattsalate

Das Angebot an Blattsalaten ist riesig. Im Sommer sind knackig frische Kopfsalatvarianten wie Batavia, Eichblatt oder die Neuzüchtung Novita der Renner. Lollo rosso oder bianco, Romanasalat und das Trendkraut Rucola gibt es nun als Freilandsalate. Ab Herbst kann man dann auf den kräftigen Endivien- oder Friséesalat, Feldsalat, Chicorée oder Radicchio zurückgreifen. Kaufen Sie möglichst frische ungespritzte Ware und lagern Sie Salat im Gemüsefach des Kühlschranks. Zum Zubereiten entfernt man Strunk und unschöne Blätter, wäscht die einzelnen Blätter, trocknet sie gut und zerzupft sie anschließend. Bei Chicorée empfiehlt es sich den bitteren Strunk herauszuschneiden.

1 *Frisch, knackig und dazu noch gesund: verschiedene Blattsalate*

2 | Gemüse

Fast alle Gemüsesorten eignen sich für Salat. Gut gewaschen und geputzt lassen sie sich auf der Rohkostreibe oder mit einem Messer in die gewünschte Form bringen. Einige Sorten wie Babymais, grüne Bohnen, Zuckerschoten oder Sojasprossen müssen allerdings kurz in kochendem Salzwasser blanchiert werden. Damit sie ihre Farbe behalten, sollte man sie kalt abbrausen oder kurz in Eiswasser abschrecken.

3 | Dressings

Erst das richtige Dressing macht einen guten Salat aus. Egal ob Sie eine Vinaigrette, Sahne- oder Mayonnaisegrundlage bevorzugen, entscheidend für den Geschmack Ihrer Salatsauce ist die Qualität der verwendeten Zutaten: Guter Essig, hochwertiges Öl, frische Kräuter und Gewürze sind die Grundvoraussetzung. Machen Sie Blattsalate nicht zu früh an, sonst fallen sie zusammen. Einige Gemüserohkostsalate wie z. B. Kraut, Sellerie oder Möhren bekommen dagegen erst das richtige Aroma, wenn sie etwas durchziehen.

2 *Essbare Salatdekoration: Blattsalat mit Kapuzinerkresse*

4 | Toppings

Geben Sie Ihrem Salat noch den letzten Pfiff: Knackige Sprossen, Nüsse, Sonnenblumen- oder Kürbiskerne, Brotcroutons und ähnliches bilden einen interessanten, knusprigen Kontrast zum Salat. Schön fürs Auge sind auch Blüten, speziell bei Frühlings- oder Wildkräutersalaten. Geeignet sind hier z. B. Gänseblümchen-, Kapuzinerkresse-, Borretsch- oder Thymianblüten.

Das Werkzeug

Zum Zubereiten von Salaten braucht es wenig Hilfsmittel. Es reicht ein Sieb oder eine Salatschleuder, um den gewaschenen Salat abzutrocknen. Ein Messer und ein Brett zum Zerkleinern von Salat und Gemüse und eine Schüssel mit kleinem Schneebesen zum Anrühren des Dressings. Für Fortgeschrittene in Sachen Salat gibt es aber einige kleine Hilfsmittel, die das Arbeiten erleichtern und helfen, das Ergebnis noch attraktiver zu gestalten.

Rohkostreibe

Gute Rohkostreiben gibt es mit verschiedenen Einsätzen zum Hobeln von Scheiben (z. B. für Gurken oder Rote Bete), Raspeln von feinen oder groben Streifen (z. B. für Möhren oder Sellerie) oder feinen Stiften, auch Julienne genannt.

1

Bundmesser und Zestenreißer

Das Bundmesser besitzt eine gewellte Klinge, mit der die geschnittenen Gemüsescheiben eine wellige Struktur erhalten. Mit dem Zestenreißer lassen sich gleichmäßige Streifen von Zitrusfruchtschalen abziehen.

2

Pürierstab

Mit einem Pürierstab lassen sich schaumige Dressings herstellen. Man kann z. B. gekochtes Gemüse, Obst und Kräuter pürieren oder zusammen mit weiteren Zutaten zu einem aromatischen Pesto verarbeiten.

3

Marinadenflasche

Nehmen Sie eine Flasche, geben Essig, Öl oder Saft abgemessen hinein und markieren Sie diese Menge mit einem wasserfesten Stift auf der Flasche. Beim nächsten Mal füllen Sie die entsprechende Flüssigkeit bis zu den Markierungsstrichen ein.

4

Grundrezept: Vinaigrette

Die Vinaigrette ist wohl die beliebteste Salatsauce überhaupt: Sie ist einfach zu machen, unendlich variabel und passt zu jedem Salat. Der Klassiker bietet immer wieder neue Möglichkeiten kleine Geschmacksnuancen zu verändern, indem man eine der Grundzutaten austauscht, wie z. B. den Essig durch Himbeeressig ersetzt.

Vinaigrette

FÜR 4 PERSONEN

- **1/2 TL Senf (am besten Dijonsenf)**
- **2 EL Essig**
- **5 EL Öl**
- **1/2 Bund Kräuter (z. B. Schnittlauch, Dill, Petersilie, Basilikum)**
- **Salz | Pfeffer**

TIPP

Vinaigrette lässt sich gut auf Vorrat zubereiten und wochenlang im Kühlschrank aufbewahren. Dazu einfach 100 ml Essig, 125 ml Öl, Salz und Pfeffer mischen und in eine verschließbare Flasche füllen.

1 *Senf, Essig, Salz und Pfeffer mit einem kleinen Schneebesen so lange rühren, bis sich das Salz aufgelöst hat.*

2 *Das Öl dazugeben und rühren, bis sich die Zutaten zu einer cremigen Sauce verbunden haben.*

3 *Wer es noch frischer mag, mischt sich Kräuter unter die Vinaigrette: Dazu die Kräuter waschen, trocknen und hacken.*

Basiszutaten für Salatsaucen

Essig: Gibt Ihrem Salat Saures. Am verbreitetsten ist Weinessig: als Rotwein- oder Weißweinessig. Feinschmecker schätzen den kräftigen Aceto balsamico oder Balsamessig aus eingekochtem Trebbiano-Traubenmost. Milder im Geschmack ist Apfelessig oder französischer Cidreessig aus Cidreäpfeln oder Honigessig. Sherryessig ist mit spanischem Sherry versetzt. Erdbeer-, Feigen- oder Himbeeressig hat das Aroma der jeweiligen Früchte. Die Alternative zu Essig: Zitronen- oder Limettensaft.

Öl: Gibt dem Dressing Konsistenz und verstärkt das Aroma. König unter den Ölen ist das Olivenöl aus erster Pressung: »Native extra« (italienisch »extra vergine«) oder »Native« aus den Folgepressungen. Steht nur »Olivenöl« auf dem Etikett handelt es sich um raffiniertes und gepresstes Öl . Neutral im Geschmack sind Sonnenblumen-, Maiskeim-, Distel-, Raps- oder Sojaöl. Richtig aromatisch schmecken Traubenkernöl, Kürbisöl oder Öle aus Nüssen (Haselnuss, Walnuss, Macadamia) oder Samen wie z. B. Sesamöl.

Was Würziges: Neben Essig und Öl benötigt ein Salatdressing etwas Kräftiges, Würzendes. Im Regelfall nimmt man dazu Senf, entweder mild, scharf, körnig oder fein, oder Senfpulver, wie es unsere britischen Nachbarn schätzen. Zusätzliche Würze bringt auch ein Teelöffel Meerrettich, gehackte Sardellen oder Sardellenpaste, ein wenig exotisch-scharfes Chutney oder Würzsaucen (Soja- oder Chilisauce).

Was Süßes: Bildet das richtige Gegenwicht zu Säure und Würze. Neben Omas berühmtem Löffelchen Zucker kann man auch hier experimentieren: mit Honig, Ahornsirup, Apfeldicksaft oder jeder anderen Fruchtsüsse oder aber auch mit Marmelade oder Gelee, püriertem Obst oder Fruchtsäften (z. B. Orangen- oder Apfelsaft).

Grundrezept: Mayonnaise

Selbstgemachte Mayonnaise ist eine ausgezeichnete Grundlage für viele Salatsaucen. Wie die Vinaigrette lässt sie sich leicht abwandeln, indem man etwas Currypulver, gepressten Knoblauch, Senf oder Kräuter unterrührt oder den Zitronensaft einfach durch Orangensaft ersetzt.

Mayonnaise

FÜR 4 PERSONEN

- **2 frische Eigelb**
- **1 EL Zitronensaft**
- **250 ml Sonnenblumen- oder Olivenöl**
- **Salz | Pfeffer**

TIPP

Damit Ihr Salat nicht ganz so massiv wird, können Sie Mayonnaise auch mit etwas Joghurt strecken.

1 *Eigelb, Salz und Pfeffer sowie Zitronensaft mit einem Schneebesen oder Handrührgerät cremig rühren.*

2 *Einen Teil des Öls zunächst ganz langsam und tröpfchenweise unter Rühren dazugießen.*

3 *Dann das restliche Öl langsam dazugießen, dabei immer weiterrühren, bis eine homogene Creme entstanden ist.*

Salatkräuter

Petersilie: Es gibt zwei Arten von Petersilie, die sich geschmacklich stark unterscheiden. Die als Garnitur beliebte krause Petersilie schmeckt mild, aber intensiv. Die würzige glatte Petersilie wird in den meisten südlichen Ländern bevorzugt und eignet sich daher besonders gut zu mediterran oder orientalisch gewürzten Salaten.

Schnittlauch: Der lauchartige Geschmack macht bei der Verwendung dieses Würzkrautes oft Zwiebel oder Schalotten überflüssig. Schnittlauch lässt sich leicht in einem Blumentopf auf der Fensterbank ziehen. Man erntet dann die Halme mit der Schere. Schöne asiatisch wirkende Salatdekoration: einige Stängel quer über den Salat legen.

Dill: Der Klassiker für Gurkensalat und Fisch. Da die zarten gefiederten Kräuterstängel sehr schnell welk werden, empfiehlt es sich, nicht aufgebrauchten Dill fein zu hacken und in einem kleinen Plastikdöschen einzufrieren.

Basilikum: Pfeffrig, kräftig würziges Küchenkraut, das nicht nur zum Tomatensalat passt. Man sollte immer einen Topf auf dem Fensterbrett stehen haben. Inzwischen werden verschiedene Sorten wie rot-violettes Basilikum oder Thai-Basilikum als Samen oder Topf angeboten. Probieren lohnt sich!

Borretsch: Obwohl sie auch Gurkenkraut genannt werden, empfiehlt es sich diese pelzigen, silbriggrünen Blättchen einfach in Streifen geschnitten unter Blattsalate zu mischen. Sogar die kleinen hellblauen Blüten sind essbar und sehen sehr dekorativ auf Salaten aus.

Koriander: Aus der asiatischen, speziell der indischen Küche ist Koriandergrün als Würze nicht wegzudenken – sehr eigen im Geschmack und daher nicht jedermanns Sache. Man bekommt es in Asienläden, kann es aber auch ganz einfach aus Korianderkörnern selbst im Blumentopf ziehen.

Salat-Dressings und -Toppings

Johannisbeer-Vinaigrette:
2 EL Johannisbeergelee mit 1 TL körnigem Senf, Salz, frisch gemahlenem Pfeffer und 3 EL weißem Aceto balsamico verrühren. Dann 5 EL Distelöl unterrühren. Man kann auch noch Orangenschalenstreifen oder frische Johannisbeeren dazugeben.
Passt zu Sellerie- oder Rotkrautrohkost, zu allen herben Blattsalaten wie Radicchio oder Endivien oder zu Roten Beten.

Mangodressing:
1 reife Mango schälen, vom Kern schneiden und klein würfeln. Mit 2 EL Honig, 1/2 TL Sambal oelek oder süß-scharfer Chilisauce, 3 EL Weißweinessig, einer geschälten Knoblauchzehe und Salz mit dem Pürierstab pürieren. Nach Belieben mit gehacktem Koriander bestreuen.
Passt zu Blattsalaten (vor allem mit gebratenem Geflügel oder Garnelen) oder Möhrenrohkost.

Thousand-Island-Dressing:
Aus 2 Eigelben, Salz, frisch gemahlenem Pfeffer, 1 EL Zitronensaft und 250 ml Sonnenblumenöl eine Mayonnaise (Rezept S. 8), zubereiten. Zur Mayonnaise 1/2 klein gewürfelte rote Paprikaschote, 1 TL edelsüßes Paprikapulver, 1 Msp. Chilipulver und 4 EL Tomatenketchup geben und gut verrühren.
Passt zu allen Blattsalaten oder gemischten Salaten aus Blattsalat, Paprika, Tomate, Gurke, aber auch zu Obst wie z. B. Ananas, Mango oder Weintrauben.

Curry-Joghurt-Dressing mit Mandarinen:
150 g Joghurt, Salz, frisch gemahlenen Pfeffer, 1 TL Currypulver mit einem Schneebesen verrühren. 2 Mandarinen schälen und klein würfeln, dabei den Saft auffangen. Saft und 2 EL Distelöl zum Joghurt geben und kräftig verrühren, dann die Mandarinenwürfel unterheben.
Passt zu Blattsalaten, Möhren-, Sellerie-, Fenchel-, oder Weißkrautrohkost. Hervorragend auch zu Salaten mit gebratenem Fleisch oder Fisch.

Curry-Nuss-Mischung:
1 EL Sonnenblumenöl in einer Pfanne heiß werden lassen. 100 g ganze blanchierte Mandeln und 50 g geschälte Pistazien hineingeben, 1 EL Zucker, Salz und 2 EL Currypulver darüber streuen. Mit einem Holzlöffel so lange rühren, bis die Nussmischung goldbraun ist und angenehm duftet. Aus der Pfanne auf Küchenpapier geben und abkühlen lassen. Man kann mit den Nüssen auch einige Esslöffel Rosinen anrösten.

Pinienkern-Knoblauch-Croutons:
1 EL Butter in einer Pfanne schmelzen lassen. 2 in Würfel geschnittene Scheiben Toastbrot dazugeben. Wenn das Brot die Butter bereits aufgesaugt hat, 2 EL Pinienkerne und eine durchgepresste Knoblauchzehe hinzufügen. Mit einem Holzlöffel so lange rühren, bis Brot und Nüsse schön gebräunt sind. In der Pfanne auskühlen lassen.

Kräuteromelett:
3 Eier in eine Schüssel geben und mit 3 EL Sahne verquirlen. Je 1/2 TL gemahlenen Kreuzkümmel und Kurkuma, Salz, frisch gemahlenen Pfeffer und 2 EL Schnittlauchröllchen dazugeben. Gut verquirlen. In einer Pfanne mit heißem Öl 3 Omeletts ausbacken, auskühlen lassen, aufrollen und in Scheiben schneiden. Als Streifen oder Schnecken auf den Salat geben.

Frischkäsebällchen:
1 Packung Doppelrahmfrischkäse (200 g) mit 100 g Ziegenfrischkäse vermengen. 1 Bund Petersilie und Schnittlauch grob hacken und mit 1/2 TL zerbröselten roten Pfefferkörnern mischen. Aus dem Käse kleine Bällchen formen und in der Kräutermischung wälzen.

Frühjahr – Zartes Grün

Im Frühjahr gehört Leichtes und Frisches auf die Teller. Nicht nur wer sein Kalorienkonto überzogen hat, sehnt sich nach einem knackigen Vitaminschub. Das erste zarte Grün in Garten und Natur lockt: Radieschen, Spargel, Spinat, Kohlrabi und junge Möhren vom Markt, Bärlauch und Löwenzahn gibt's beim Spaziergang gratis dazu. Kombiniert mit frischen Kräutern geben sie genau den richtigen Frischekick in der Salatschüssel. Und wer mutig ist, mischt noch die süßen Frühlingsboten wie Rhabarber und Erdbeeren darunter.

Blitzrezepte

Blattsalat mit Blüten

FÜR 4 PERSONEN

➤ 400 g gemischter Blattsalat | 1 Handvoll Blüten (z. B. Gänseblümchen, Kapuzinerkresse) | 3 EL Himbeeressig | 2 EL Honig | 3 EL Sonnenblumenöl | 2 EL Haselnussöl | 1 EL gehackter Estragon | Salz Pfeffer

1 | Die geputzten und gewaschenen Salatblätter mit den Blüten in eine Schüssel geben.

2 | Essig zuerst mit dem Honig verrühren, dann die beiden Ölsorten dazugeben und kräftig durchrühren. Estragon hinzufügen und mit Pfeffer und Salz würzen und über den Salat geben. Vorsichtig durchmischen.

Frankfurter Salat

FÜR 4 PERSONEN

➤ 1 Kopfsalat | 1 Bund Kräuter für Frankfurter Sauce (Borretsch, Dill, Estragon, Kerbel, Liebstöckel, Petersilie, Sauerampfer) | 4 hart gekochte Eier | 1 Schalotte | 100 g Joghurt | 75 g Sahne 1 TL Senf | 2 EL Weißweinessig | Salz schwarzer Pfeffer

1 | Den Salat und die Kräuter waschen und trocknen. Salat in mundgerechte Stücke zupfen. Kräuter fein hacken, ein paar Blättchen beiseite legen. Eier pellen und achteln.

2 | Die Schalotte schälen, hacken und mit Joghurt, Sahne, Senf, Essig und Kräutern pürieren, salzen und pfeffern. Den Salat mit den Eiern auf Teller verteilen und die Sauce darüber geben. Pfeffer darüber mahlen und mit Kräutern garnieren.

asiatisch | kalorienarm

Salat mit gebratenem Spargel

FÜR 4 PERSONEN

- **500 g grüner Spargel**
- **1 Bund junge Möhren**
- **3 Knoblauchzehen**
- **5 EL Sojaöl**
- **1 TL geröstetes Sesamöl**
- **3 EL Limettensaft**
- **2 EL Sojasauce**
- **1 EL Honig**
- **je 1 EL weißer und schwarzer Sesam**
- **1 Bund Schnittlauch**
- **Salz | weißer Pfeffer**

Zubereitung: 35 Min.
Pro Portion: ca. 222 kcal

1 | Vom Spargel die holzigen Enden abschneiden, die Stangen längs halbieren und in 5 Stücke schneiden. Die Möhren schälen und in dünne Streifen schneiden. Die Knoblauchzehen mit Schale halbieren.

2 | 3 EL Sojaöl und das Sesamöl im Wok erhitzen. Knoblauch, Spargel und Möhren zugeben, salzen und 4–5 Min. anbraten. Knoblauch entfernen.

3 | In einer Schüssel den Limettensaft mit Sojasauce, Honig, Pfeffer und restlichem Sojaöl verrühren. Vorsichtig mit dem Gemüse mischen und abkühlen lassen.

4 | Sesam in einer heißen Pfanne trocken anrösten. Den Schnittlauch waschen und in 3 cm lange Stücke schneiden. Den Salat auf Tellern anrichten und mit Sesam und Schnittlauch bestreut servieren.

Getränk: Elsässer Gewürztraminer

Klassiker auf neue Art

Spargel-Kartoffel-Salat mit Bärlauchpesto

FÜR 4 PERSONEN

- **2 EL Zitronensaft**
- **3 EL Zucker | 1 EL Butter**
- **500 g weiße Spargelköpfe**
- **500 g fest kochende Kartoffeln**
- **3 EL weißer Aceto balsamico**
- **je 1 Bund Bärlauch und glatte Petersilie**
- **150 ml Traubenkernöl**
- **100 g Parmesan**
- **Salz | weißer Pfeffer**

Zubereitung: 45 Min.
Pro Portion: ca. 549 kcal

1 | Zitronensaft mit Zucker, Butter und 2 EL Salz in einem Topf mit Wasser aufsetzen. Den Spargel schälen und jeweils in 3 gleich lange Stücke schneiden. Die Kartoffeln waschen, schälen und in fingerdicke Scheiben schneiden.

2 | Spargel und Kartoffelscheiben im kochenden Wasser in 15 Min. bissfest garen. Abgießen, beides in eine Schüssel geben und mit Essig beträufeln.

3 | Bärlauch und Petersilie waschen. Die Hälfte der Petersilie abzupfen und beiseite legen, die andere mit Bärlauch und Öl im Mixer pürieren.

4 | Spargel und Kartoffeln auf Tellern anrichten, das Bärlauchpesto dazugeben. Den Parmesan darüber hobeln. Mit Petersilie bestreuen und Pfeffer grob darüber mahlen.

TIPP Bärlauch gibt es von Ende März bis April im Wald oder auf Märkten.

im Bild oben: Spargel-Kartoffel-Salat mit Bärlauchpesto *im Bild unten:* Salat mit gebratenem Spargel

macht was her

Zuckerschoten-Apfel-Radieschen-Salat

FÜR 4 PERSONEN

- 250 g Zuckerschoten
  250 g Babymais (ersatzweise aus dem Glas)
  1 Bund Radieschen
  1 roter Apfel
  Saft von 1 Zitrone
  100 ml Rote-Bete-Saft
  100 g Sahne
  3 EL Honig
  3 EL Apfelessig
  4 EL Sonnenblumenöl
  Salz | weißer Pfeffer

Zubereitung: 25 Min.
- Pro Portion: ca. 486 kcal

1 | In einem Topf Salzwasser zum Kochen bringen. Die Zuckerschoten von den Enden befreien. Den Mais putzen, längs halbieren und mit den Zuckerschoten 3 Min. kochen.

2 | Inzwischen eine Schüssel mit Eiswasser bereit stellen. Darin das Gemüse abschrecken, herausnehmen und abtropfen lassen.

3 | Radieschen putzen und waschen. Apfel waschen, einen Teil in Scheiben, den Rest in Streifen schneiden, dabei das Kerngehäuse entfernen. Radieschen in dünne Scheiben schneiden. Alles mit Zitronensaft beträufeln.

4 | In einem hohen Gefäß Rote-Bete-Saft, Sahne, Honig, Essig, Öl, Salz und Pfeffer mit dem Pürierstab schaumig mixen.

5 | Den Salat auf Tellern anrichten und etwas Sauce ringsherum gießen. Restliche Sauce extra dazu reichen.

- Getränk: Fruchtiger Chardonnay
- Beilagen: Zu Pellkartoffeln und neuen Kräuterkartoffeln

TIPP
Noch bunter wird Ihr Salat, wenn Sie 2 EL Kurkumapulver ins Garwasser geben: Der Mais wird so knallgelb.

schnell | fettarm

Kohlrabi-Rettich-Möhren-Salat

FÜR 4 PERSONEN

- 2 Kohlrabi
  3 Möhren
  2 rote Rettiche
  1 Bund Frühlingszwiebeln
  250 g Joghurt
  2 EL Zitronensaft
  1 EL Honig
  Salz | weißer Pfeffer

Zubereitung: 20 Min.
Marinierzeit: 30 Min.
- Pro Portion: ca. 87 kcal

1 | Die Kohlrabi und Möhren putzen, schälen und grob raspeln. Die Rettiche abbürsten und ebenfalls grob raspeln. Die Frühlingszwiebeln waschen und in feine Ringe schneiden. Einen Teil davon mit dem geraspelten Gemüse in eine Schüssel geben.

2 | Den Joghurt mit Zitronensaft und Honig verrühren, salzen und pfeffern und mit dem Salat mischen. 30 Min. durchziehen lassen und abschmecken. Mit Frühlingszwiebelringen bestreuen.

nicht nur für Hasen

Möhren-Löwenzahn-Salat

FÜR 4 PERSONEN

- 250 g Löwenzahn
- 4 große Möhren
- 1/2 Bund glatte Petersilie
- 1 Knoblauchzehe
- 125 g Sahne
- Saft von 2 Limetten
- 2 EL Honig
- 1 EL Sonnenblumenöl
- 100 g Sonnenblumensprossen
- Salz | schwarzer Pfeffer

Zubereitung: 25 Min.
Pro Portion: ca. 208 kcal

1 | Die Löwenzahnstiele leicht kürzen, verlesen, waschen und trocknen. Die Möhren schälen. Mit dem Sparschäler dünne Streifen abziehen. Petersilie waschen und fein hacken. Knoblauch schälen und würfeln.

2 | In einer Schüssel die Sahne mit Limettensaft, Honig, Öl verrühren, Petersilie, Knoblauch, Salz und Pfeffer zugeben. Möhrenstreifen und Löwenzahn in einer Schale anrichten und die Sauce und Sprossen darüber verteilen.

ungewöhnlich | scharf-süß

Batavia mit marinierten Erdbeeren

FÜR 4 PERSONEN

- 250 g Erdbeeren
- 3 EL eingelegter grüner Pfeffer
- 4 EL weißer Aceto balsamico
- 1 EL Zucker
- 1 Kopf Bataviasalat
- 6 EL Distelöl
- 100 g Parmesan
- Salz

Zubereitung: 25 Min.
Pro Portion: ca. 335 kcal

1 | Die Erdbeeren abbrausen und je nach Größe halbieren bzw. vierteln. Mit Pfeffer, Essig und Zucker mischen und kurz marinieren.

2 | Den Bataviasalat putzen, waschen, mundgerecht zerpflücken, trocknen und in einer Schale anrichten. Die Marinade der Erdbeeren in ein Schälchen abgießen, mit dem Öl verrühren und salzen.

3 | Die Erdbeeren und die Sauce auf den Salat geben und Parmesan darüber hobeln.

gelingt leicht | schnell

Spinatsalat mit Feta

FÜR 4 PERSONEN

- 300 g junger Spinat
- 1 Bund Frühlingszwiebeln
- 150 g Blaubeeren
- 200 g Feta-Käse
- 2 EL Apfelsaft
- 3 EL Himbeeressig
- 1 TL Ahornsirup
- 5 EL Haselnussöl
- Salz | schwarzer Pfeffer

Zubereitung: 25 Min.
Pro Portion: ca. 361 kcal

1 | Den Spinat verlesen, waschen und trocknen. Die Frühlingszwiebeln waschen und den hellen Teil in feine Ringe schneiden. Die Blaubeeren waschen. Den Käse in Würfel schneiden.

2 | In einer Schüssel Apfelsaft, Essig und Ahornsirup mit dem Haselnussöl verrühren, salzen, pfeffern und die Frühlingszwiebeln zugeben.

3 | Den Spinat mit der Sauce mischen, dann in Schälchen anrichten und Käse und Blaubeeren darüber verteilen.

 im Bild oben: **Spinatsalat mit Feta** *Mitte:* **Batavia mit marinierten Erdbeeren** *im Bild unten:* **Möhren-Löwenzahn-Salat** ➤

ungewöhnlich

Roastbeef-Salat mit Rhabarberdressing

FÜR 4 PERSONEN

- **2 Stangen Rhabarber**
- **2 EL Zucker**
- **1 Vanilleschote**
- **4 EL Aceto balsamico**
- **3 EL Olivenöl**
- **125 g Crème double**
- **1/2 Bund Schnittlauch**
- **250 g Champignons**
- **2 Stauden Chicorée**
- **24 Scheiben Roastbeef**
- **Salz | schwarzer Pfeffer**

Zubereitung: 30 Min.
Pro Portion: ca. 316 kcal

1 | Rhabarberstiele abziehen, in 1–2 cm große Stücke schneiden und mit dem Zucker in einem Topf Saft ziehen lassen. Mit 4 EL Wasser, dem Mark einer Vanilleschote und dem Essig 3 Min. aufkochen. Abkühlen lassen, das Olivenöl unterrühren, salzen und pfeffern.

2 | Die Crème double mit Salz und Pfeffer würzen. Den Schnittlauch waschen, in Röllchen schneiden und dazugeben.

3 | Die Champignons putzen und in dünne Scheiben schneiden. Den Strunk vom Chicorée großzügig abschneiden, die Blätter auf Tellern anrichten. Die Roastbeefscheiben aufdrehen und je 6 Stück auf den Chicorée setzen.

4 | Das Rhabarberdressing über das Roastbeef träufeln, die gewürzte Crème double über den Chicorée geben und die Champignons darüber verteilen. Pfeffer darüber mahlen.

für Gourmets | festlich

Kopfsalat mit gebeizter Forelle

FÜR 4 PERSONEN

- **2 frische Lachsforellenfilets mit Haut (à ca. 250 g)**
- **je 5 Wacholderbeeren und Pimentkörner**
- **1 EL schwarze Pfefferkörner**
- **2 TL Zucker | 1 TL Meersalz**
- **1 unbehandelte Limette**
- **250 g Schmand**
- **1 Bund Basilikum**
- **1 Kopfsalat**
- **Salz | weißer Pfeffer**

Zubereitung: 25 Min.
Marinierzeit: 24 Std.
Pro Portion: ca. 296 kcal

1 | Die Forellenfilets kalt abbrausen und abtrocknen. Gewürze mit 1 TL Zucker und Meersalz im Mörser grob zerstoßen und die Forelle auf beiden Seiten damit einreiben. Die Filets mit den Schnittseiten aufeinander in eine Schüssel legen, mit einem Holzbrett beschweren und für 24 Std. in den Kühlschrank stellen.

2 | Von der Limettenschale Streifen abziehen, Saft auspressen und mit dem Schmand, Pfeffer, Salz und 1 TL Zucker verrühren. Die Basilikumblätter waschen, abzupfen, einige beiseite legen, den Rest fein hacken und zum Schmand geben. Den Kopfsalat putzen, waschen, mundgerecht zerpflücken und trocknen.

3 | Die Forelle aus der Marinade nehmen, abtupfen, schräg in Scheiben schneiden und mit dem Salat, den Basilikumblättern, der Limettenschale und dem Schmand anrichten.

➤ Variante: Forelle durch Lachs oder fertigen Graved Lachs ersetzen

im Bild oben: Kopfsalat mit gebeizter Forelle *im Bild unten:* Roastbeef-Salat mit Rhabarberdressing ➤

Klassiker | kinderleicht

Ostereier-Salat

FÜR 4 PERSONEN

➤ **8 hart gekochte Eier**
1 rote Paprikaschote
1 roter Apfel
1/2 Salatgurke
2 EL Zitronensaft
1 Glas Cornichons (Abtropfgewicht 110 g)
1 Bund Schnittlauch
250 g Sahnejoghurt
1 TL Tabasco
Zucker
Salz | weißer Pfeffer

🕓 Zubereitung 25 Min.
➤ Pro Portion: ca. 261 kcal

1 | Die Eier pellen und in kleine Würfel schneiden. Paprika, Apfel und Gurke waschen, halbieren, putzen und klein würfeln. In einer Schüssel mit dem Zitronensaft mischen. Die Cornichons in ein Sieb geben, den Aufguss aufbewahren. In Scheibchen schneiden und mit den Eiern in die Schüssel geben. Den Schnittlauch waschen und in Röllchen schneiden, einen Esslöffel beiseite stellen, den Rest zum Salat geben.

2 | Etwa die Hälfte des Cornichon-Aufgusses mit dem Joghurt, Tabasco, Zucker, Salz und Pfeffer zu einer glatten Sauce rühren, vorsichtig mit dem Salat mischen und mit dem übrigen Schnittlauch bestreuen.

➤ Getränk: Kühles Bier

TIPP Mit 1 TL edelsüßem Paprikapulver bestreuen oder mit Kresse garnieren.

für Gäste | mediterran

Tagliatelle-Rucola-Salat

FÜR 4 PERSONEN

➤ **250 g Tagliatelle**
10 EL Olivenöl
1 Bund Rucola
250 g Kirschtomaten
1 Zucchino
1 Knoblauchknolle
12 rohe ungeschälte Riesengarnelen
Saft von 1 Zitrone
Salz | schwarzer Pfeffer

🕓 Zubereitung: 60 Min.
➤ Pro Portion: ca. 525 kcal

1 | Die Tagliatelle nach Packungsanweisung in kochendem Salzwasser bissfest garen, abschrecken und in einer Schüssel mit 3 EL Olivenöl mischen.

2 | Rucola verlesen und waschen, die Stielenden entfernen, trocknen und grob zerpflücken. Die Tomaten waschen und in Scheiben schneiden. Den Zucchino waschen und in dünne Scheiben schneiden. Die Knoblauchknolle mit Schale quer halbieren. Die Garnelen aus der Schale lösen. Am Rücken den dunklen Darm entfernen.

3 | 4 EL Öl in einer Pfanne erhitzen, die Zucchini goldbraun anbraten, dann auf ein Küchenpapier geben und salzen. In der gleichen Pfanne mit 3 EL Olivenöl die Knoblauchknolle mit der Schnittseite nach unten und die Garnelen 3 Min. anbraten, Knoblauch entfernen und salzen.

4 | Rucola, Tomaten und Zucchini mit den Tagliatelle mischen, die Garnelen mit dem Öl aus der Pfanne zugeben. Mit Zitronensaft, Salz und Pfeffer abschmecken.

◄ *im Bild oben:* Ostereier-Salat *im Bild unten:* Tagliatelle-Rucola-Salat

Sommer – Lust auf Leichtes

Mit den Temperaturen steigt die Lust auf Leichtes. Gemüse und Salate sind dann nicht nur ideale Mahlzeiten, sondern mit ihren vielen Vitaminen zusätzlich gesunder Sonnenschutz von innen. Und mit Rucola, Tomaten, Paprika, Zucchini und frischem Basilikum holt man sich schon mal Ferienlaune in die Salatschüssel. Kombiniert man sie wie unsere südlichen Nachbarn noch mit gutem Olivenöl, Couscous oder kalter Pasta hat man eine ideale Mahlzeit, die satt macht ohne zu belasten. Wer Lust hat, packt seinen Salat dann gleich in den Picknickkorb und genießt ihn draußen.

Blitzrezepte

Romana-Tomaten-Salat

FÜR 4 PERSONEN

➤ 1 Kopf Romanasalat | 6 Eiertomaten | 1 Vanilleschote | 1 TL Honig | 3 EL kräftige Gemüsebrühe | 3 EL Aceto balsamico | 5 EL Olivenöl | Salz | weißer Pfeffer

1 | Den Salat waschen, putzen, zerpflücken und trocknen. Die Tomaten waschen, vierteln, dabei die Stielansätze entfernen und mit dem Salat in einer Schale anrichten.

2 | Die Vanilleschote längs aufschneiden, das Mark herauskratzen und mit Honig, Brühe, Essig, Öl und Salz verrühren. Über den Salat geben und Pfeffer darüber mahlen.

Gurken-Minze-Salat

FÜR 4 PERSONEN

➤ 2 Salatgurken | 1/2 Bund Minze | 1 Knoblauchzehe | 250 g Joghurt | 1 EL Honig | 2 EL Weißweinessig | 1 EL Sonnenblumenöl | 1 TL rosenscharfes Paprikapulver | Salz | weißer Pfeffer

1 | Die Gurken waschen und in Scheiben schneiden und in eine Schüssel geben. Die Minze waschen, ein paar Blättchen beiseite legen, den Rest fein hacken.

2 | Den Knoblauch schälen, durchpressen und mit Minze, Joghurt, Honig, Essig und Öl verrühren, salzen und pfeffern. Mit dem Salat vermischen, mit dem Paprikapulver bestäuben und mit Minzblättchen dekorieren.

Klassiker auf neue Art gelingt leicht

Caprese-Penne-Salat

FÜR 4 PERSONEN

- **400 g Penne rigate**
- **500 g Kirschtomaten**
- **400 g Mini-Mozzarella**
- **1 Glas schwarze Oliven (Abtropfgewicht 85 g)**
- **1 Bund Basilikum**
- **2 Knoblauchzehen**
- **4 EL Olivenöl**
- **5 EL weißer Aceto balsamico**
- **Salz | schwarzer Pfeffer**

Zubereitung: 35 Min.
Pro Portion: ca. 751 kcal

1 | Nudeln nach Packungsanweisung in kochendem Salzwasser bissfest garen, abgießen und in eine Schüssel geben.

2 | Tomaten waschen und halbieren. Mozzarella und Oliven in ein Sieb abgießen. Die Mozzarellakugeln halbieren und mit Tomaten und Oliven zu den Nudeln geben. Basilikum waschen, ein paar Blättchen beiseite legen, den Rest in Streifen schneiden. Den Knoblauch schälen und fein würfeln.

3 | Basilikum und Knoblauch mit dem Öl verrühren und über den Salat geben. Mit Essig, Salz und Pfeffer abschmecken und mit den Basilikumblättern anrichten.

- Variante: Mit gerösteten Pinienkernen bestreuen
- Getränk: Piave aus Venetien

gut vorzubereiten edel als Vorspeise

Tintenfischsalat mit Lauch

FÜR 4 PERSONEN

- **700 g küchenfertige Tintenfische**
- **2 Stangen Lauch**
- **1 Bund glatte Petersilie**
- **2 Knoblauchzehen**
- **6 EL Olivenöl**
- **2 EL Weißwein (ersatzweise Brühe)**
- **3 EL Sherryessig**
- **2 EL Orangensaft**
- **1 Zitrone**
- **Salz | weißer Pfeffer**

Zubereitung: 25 Min.
Marinierzeit: 1 Std.
Pro Portion: ca. 267 kcal

1 | Den Tintenfisch säubern, waschen und in feine Ringe schneiden. Den Lauch putzen, waschen und ebenfalls in feine Ringe schneiden. Petersilie waschen und fein hacken. Den Knoblauch schälen und in dünne Streifen schneiden.

2 | Knoblauch und Tintenfische 1–2 Min. in 2 EL Olivenöl unter Rühren anbraten, dann den Lauch zufügen, umrühren und sofort vom Herd ziehen. Salzen und pfeffern.

3 | Weißwein, Essig und Orangensaft verrühren und über den Tintenfisch geben. Petersilie und restliches Öl untermischen und mindestens eine Stunde ziehen lassen. Zitrone in Scheiben schneiden und mit dem Salat auf Tellern anrichten.

- Getränk: Trebbiano

TIPPS

- Falls Sie keine frischen Tintenfische bekommen, greifen Sie einfach auf TK-Tintenfischringe zurück.
- Schön bunt wird's, wenn Sie rote Paprikawürfel mit dem Fisch anbraten.

im Bild oben: **Caprese-Penne-Salat** *im Bild unten:* **Tintenfischsalat mit Lauch** ➤

gelingt leicht | schnell

Rucola mit Manchego

FÜR 4 PERSONEN

➤ 3 Bund Rucola
100 g Manchego-Käse (ersatzweise Parmesan)
3 EL Himbeeressig
1 TL Honig
5 EL Walnussöl
Salz | schwarzer Pfeffer

Zubereitung: 15 Min.
➤ Pro Portion: ca. 222 kcal

1 | Rucola verlesen und waschen, die Stielenden entfernen, trocknen und in eine Schüssel geben. Den Manchego in Späne hobeln.

2 | Essig, Honig und Öl gut verrühren und mit Salz und Pfeffer würzen. Über den Salat geben und mischen. Mit dem gehobelten Manchego bestreut servieren.

➤ Variante: Einige Scheiben Serranoschinken anstelle des Käse

fruchtig | kalorienarm

Eichblattsalat mit Melone

FÜR 4 PERSONEN

➤ 1 Eichblattsalat
1 Zuckermelone (ersatzweise Galia-Melone)
2 EL Limettensaft
1 TL weißer Aceto balsamico
6 EL Sonnenblumenöl
1/2 TL gemahlener Koriander
50 g Bündner Fleisch
Salz | Pfeffer

Zubereitungszeit: 25 Min.
➤ Pro Portion: ca. 193 kcal

1 | Den Salat putzen, waschen, mundgerecht zerpflücken und trocknen. Melone schälen, halbieren und entkernen. Zwei Drittel des Fruchtfleisches in schmale Streifen schneiden. Ein Drittel mit Limettensaft, Essig, Öl, Koriander, Salz und Pfeffer schaumig pürieren.

2 | Die Melonenstreifen mit dem Salat und dem Bündner Fleisch auf Tellern anrichten, mit Dressing übergießen und kräftig nachpfeffern.

mediterran | schnell

Tomaten-Sardellen-Salat

FÜR 4 PERSONEN

➤ 800 g reife Tomaten
1/2 Bund Basilikum
8 Sardellenfilets (in Öl)
1 Knoblauchzehe
1 EL Tomatenmark
3 EL Aceto balsamico
8 El Olivenöl
2 EL Kapernäpfel
Salz | Pfeffer

Zubereitung: 25 Min.
➤ Pro Portion: ca. 241 kcal

1 | Tomaten waschen. 2 davon klein würfeln, dabei die Stielansätze entfernen und in ein Schälchen geben. Restliche Tomaten in Scheiben schneiden.

2 | Basilikum waschen, ein paar Blättchen beiseite legen, den Rest mit den Sardellenfilets fein hacken, Knoblauch schälen und durchpressen. Alles zu den Tomatenwürfeln geben und mit Tomatenmark, Essig, Öl, Salz und Pfeffer verrühren. Mit den Tomaten und Kapern mischen.

 im Bild oben: Eichblattsalat mit Melone *links unten:* Ruccola mit Manchego *rechts unten:* Tomaten-Sardellen-Salat ➤

Spezialität aus Andalusien

Pipirrana in Tomaten

FÜR 4 PERSONEN

- **je 1 rote und grüne Paprikaschote**
- **1/2 Salatgurke**
- **5 Fleischtomaten**
- **1 Gemüsezwiebel**
- **2 Knoblauchzehen**
- **1/2 Bund glatte Petersilie**
- **3 EL Sherryessig**
- **1 TL Honig**
- **5 EL Olivenöl**
- **Salz | schwarzer Pfeffer**

Zubereitung : 30 Min.
Marinierzeit: 1 Std.
Pro Portion: ca. 150 kcal

1 | Gemüse waschen, Paprika vierteln und putzen, Gurke schälen, längs halbieren und die Kerne mit einem Löffel herausschaben. Von 1 Tomate Stielansatz entfernen. Zwiebel schälen. Alles in ganz kleine Würfel schneiden. Knoblauch schälen und durchpressen. Petersilie waschen, ein paar Blätter beiseite legen, den Rest grob hacken. Alles in eine Schüssel geben.

2 | Essig, Honig und Öl gut verrühren, salzen und pfeffern, über den Salat geben und 1 Std. marinieren.

3 | Inzwischen von den übrigen Tomaten einen Deckel abschneiden und aushöhlen. Den Salat nochmals abschmecken und in die Tomaten füllen. Mit Petersilie garnieren.

- Variante: Petersilie durch Basilikum ersetzen oder fein geschnittene Oliven zugeben
- Getränk: Spanischer Rioja

mediterran
gut vorzubereiten

Antipasti-Salat

FÜR 4 PERSONEN

- **2 Zucchini**
- **2 Auberginen**
- **4 Eiertomaten**
- **3 rote Paprika**
- **1 Gemüsezwiebel**
- **1 Knoblauchknolle**
- **je 3 Zweige Thymian und Rosmarin**
- **8 EL Olivenöl**
- **5 EL Aceto balsamico**
- **Salz | schwarzer Pfeffer**

Zubereitung: 20 Min.
Marinierzeit: 1 Std.
Pro Portion: ca. 300 kcal

1 | Gemüse waschen und putzen. Zucchini und Auberginen längs halbieren und in fingerdicke Scheiben schneiden, die Tomaten vierteln. Paprika in Achtel schneiden. Die Zwiebel schälen, halbieren und ebenfalls in fingerdicke Scheiben schneiden. Die Knoblauchknolle quer halbieren. Thymian und Rosmarin waschen. Je einen Zweig beiseite legen, den Rest fein hacken.

2 | Das Öl in einer großen Pfanne erhitzen. Das Gemüse darin portionsweise goldbraun braten, salzen und in eine Schüssel geben. Im verbliebenen Öl den Knoblauch mit den Kräutern anbraten. Knoblauch entfernen. Kräuteröl über das Gemüse geben.

3 | Den Salat noch warm mit Essig beträufeln und 1 Std. ziehen lassen. Pfeffern und mit Kräuter dekorieren.

- Beilage: Frisches Ciabatta
- Getränk: Chianti classico

◄ *im Bild oben:* **Antipasti-Salat** *im Bild unten:* **Pipirrana in Tomaten**

Klassiker | fürs Büfett

Schichtsalat

FÜR 4 PERSONEN

- 2 Stangen Lauch
  1 Apfel
  1/2 Ananas
  4 hart gekochte Eier
  6 Scheiben gekochter Schinken
  1 Dose Mais (Abtropfgewicht 285 g)
  1 Glas Selleriestreifen (Abtropfgewicht 190 g)
  125 g Sahne
  250 g Mayonnaise
  Salz | weißer Pfeffer

Zubereitung: 30 Min.
Marinierzeit: 12 Std.
- Pro Portion: ca. 268 kcal

1 | Den Lauch putzen, waschen und in feine Ringe schneiden. Den Apfel schälen und grob raspeln. Die Ananas vierteln, den Strunk herausschneiden, das Fruchtfleisch von der Schale lösen und in kleine Stücke schneiden.

2 | Die Eier pellen und würfeln, den Schinken in Streifen schneiden. Den Mais in einem Sieb mit Wasser übergießen und abtropfen lassen. Alle Zutaten der Reihe nach in eine Schüssel schichten. Zum Schluss den Sellerie mit dem Aufguss darüber geben.

3 | Die Sahne steif schlagen und unter die Mayonnaise heben. Auf den Salat geben und 12 Std. ziehen lassen. Kurz vor dem Servieren vermengen und pfeffern.

- Variante für Vegetarier: Ersetzen Sie den Schinken durch 150 g grob geriebenen Gouda
- Getränk: Kühles Bier

orientalisch | scharf

Novita mit Curry-Huhn

FÜR 4 PERSONEN

- 1 Kopf Novitasalat
  2 feste Pfirsiche
  1 Schalotte
  je 1/2 Bund Estragon und Schnittlauch
  5 EL Sonnenblumenöl
  4 Hähnchenbrustfilets (ca. 450 g)
  1 TL scharfes Currypulver
  3 EL Weißweinessig
  5 EL Orangensaft
  1 EL Honig
  Salz | weißer Pfeffer

Zubereitung 25 Min.
- Pro Portion: ca. 277 kcal

1 | Den Salat putzen, waschen, mundgerecht zerpflücken, trocknen und auf Tellern anrichten. Die Pfirsiche waschen, entkernen und achteln. Die Schalotte schälen und klein würfeln. Kräuter waschen und fein hacken.

2 | Die Hähnchenbrust salzen und pfeffern. Mit 2 EL Öl in einer Pfanne beidseitig 5 Min. anbraten, herausnehmen. Im verbliebenen Öl die Pfirsiche und Schalotten anbraten, Currypulver darüber stäuben, mit Essig und Orangensaft ablöschen und vom Herd nehmen. Den Honig und das restliche Öl unterrühren. Salzen und pfeffern.

3 | Die Hähnchenbrust in schräge Scheiben schneiden, auf den Salat legen und die warmen Pfirsiche mit der Sauce darauf verteilen. Mit Kräutern bestreuen.

- Beilage: Gebratene Polentascheiben
- Getränk: Kühles Bier oder Apfel-Cidre

im Bild oben: Schichtsalat *im Bild unten:* Novita mit Curry-Huhn ➤

Spezialität aus der Toskana

Panzanella

FÜR 4 PERSONEN

➤ **6 reife Tomaten**
1/2 Salatgurke
1 Gemüsezwiebel
2 Knoblauchzehen
je 1 Bund glatte Petersilie und Basilikum
3 Scheiben italienisches Weißbrot (300 g)
6 EL Olivenöl
3 EL Rotweinessig
Salz | schwarzer Pfeffer

Zubereitung: 25 Min.
Marinierzeit: 1 Std.
➤ Pro Portion: ca. 334 kcal

1 | Die Tomaten waschen, grob würfeln, dabei die Stielansätze entfernen. Die Gurke schälen, längs halbieren und die Kerne mit einem Löffel herausschaben und würfeln. Zwiebel und Knoblauch schälen und in Scheiben schneiden. Kräuter waschen, ein paar Blättchen beiseite legen, den Rest in Streifen schneiden. Alles in eine Schüssel geben.

2 | Das Brot in Würfel schneiden und in einer Pfanne mit 2 EL Olivenöl goldbraun rösten und zum Gemüse geben.

3 | Den Essig mit Salz, Pfeffer und restlichem Öl verrühren. Über den Salat geben, 1 Std. ziehen lassen, nochmals abschmecken und mit den Kräutern garnieren.

➤ Getränk: Pinot nero aus Italien

orientalisch | macht satt

Tabbouleh

FÜR 4 PERSONEN

➤ **300 g feiner Bulgur (Thermo-Weizengrütze)**
1 Dose Kichererbsen (Abtropfgewicht 265 g)
1 Salatgurke
4 Tomaten
2 Schalotten
100 g Rosinen
1 Bund glatte Petersilie
1/2 Bund Minze
Saft von 2 Zitronen
1/2 EL gemahlener Kreuzkümmel
4 EL Olivenöl
Salz | schwarzer Pfeffer

Zubereitung: 30 Min.
Marinierzeit: 2 Std.
➤ Pro Portion: ca. 618 kcal

1 | Den Bulgur 10 Min. in kaltem Wasser einweichen, dann in einem Sieb abtropfen lassen. Die Kichererbsen in einem Sieb kalt abbrausen.

2 | Gurke und Tomaten waschen, Stielansätze entfernen, alles in kleine Würfel schneiden. Schalotten schälen und fein würfeln. Die Rosinen mit heißem Wasser überbrühen, kurz quellen lassen, abgießen und fein hacken.

3 | Kräuter waschen und die Blättchen fein hacken. Mit den übrigen Zutaten in eine Schüssel geben.

4 | Zitronensaft, Kreuzkümmel, Salz und Pfeffer mit dem Olivenöl verrühren und gut mit dem Salat mischen. 2 Std. durchziehen lassen, vor dem Servieren abschmecken.

➤ Beilage: Joghurtdip mit Kreuzkümmel
➤ Getränk: Heißer Minztee

TIPP
Würzen Sie den Salat mit in 1–2 TL geröstetem Sesamöl gebratenem Knoblauch.

im Bild oben: Tabbouleh *im Bild unten:* Panzanella ➤

Herbst – Reicher Erntesegen

Die letzten warmen Tage und der bunte Reichtum in Wald und Flur laden nicht nur zu ausgedehnten Spaziergängen ein. Im goldenen Herbst genießt man wieder die deftigen, erdigen Aromen der frisch geernteten Köstlichkeiten wie Pilze, Kürbisse, Äpfel, Birnen, Trauben, Nüsse und Zwetschgen. Kartoffeln, Kohl, Endivien und Feldsalat sind die Favoriten für üppige Kombinationen mit Speck, Geflügelleber und Käse: richtige Sattmacher, die wunderbar zu einem frischen Bauernbrot und einem Glas Most oder neuem Wein passen.

Blitzrezepte

Endivien mit Kürbis

FÜR 4 PERSONEN

➤ **1 Endiviensalat | 1 Glas eingelegter Kürbis (Abtropfgewicht 190 g) | 2 EL Sonnenblumenöl | 2 EL Weißweinessig 1 EL Sojasauce | 1/2 TL Currypulver 1/4 TL Sambal oelek | 1/2 Bund gehacktes Koriandergrün | Salz | Pfeffer**

1 | Den Salat putzen, waschen, mundgerecht zerpflücken und trocknen.

2 | Kürbis in einem Sieb abtropfen lassen. Zwei Drittel davon mit Öl, Essig, Sojasauce, Currypulver und Sambal oelek pürieren, salzen, pfeffern und Koriander unterrühren.

3 | Restlichen Kürbis mit dem Dressing zum Salat geben und alles gut mischen.

Feldsalat mit Walnuss

FÜR 4 PERSONEN

➤ **400 g Feldsalat | 4 EL Walnüsse | 150 g Joghurt | 3 EL Aceto balsamico | Salz Pfeffer**

1 | Den Feldsalat putzen, waschen und trocknen.

2 | 1 EL Walnüsse fein hacken und in ein Schälchen geben. Joghurt und Essig dazu geben, verrühren und mit Salz und Pfeffer würzen.

3 | Dressing über den Salat geben und restliche Nüsse darüber streuen.

auch als Vorspeise gelingt leicht

Eichblattsalat mit gebratenen Pfifferlingen

FÜR 4 PERSONEN

- 1 Kopf Eichblattsalat
- 400 g Pfifferlinge
- 2 Schalotten
- 1 Bund Petersilie
- 4 EL Olivenöl
- 1 Msp. Muskat, frisch gerieben
- 1 EL Butter
- 3 EL Aceto balsamico
- 1 TL Zucker
- Salz | weißer Pfeffer

Zubereitung: 25 Min.
➤ Pro Portion: ca. 143 kcal

1 | Den Salat putzen, waschen, zerpflücken, trocknen und in einer Schale anrichten. Die Pilze putzen, große Pilze halbieren. Die Schalotten schälen und klein würfeln. Die Petersilie waschen und fein hacken.

2 | In einer Pfanne 1 EL Öl erhitzen, Schalotten und dann die Pilze darin anbraten, mit Salz, Pfeffer und Muskat würzen. Zum Schluss die Petersilie und Butter dazu geben, diese schmelzen lassen.

3 | Den Essig mit Salz, Zucker und dem restlichen Öl verrühren, über den Salat geben und die Pilze darauf verteilen. Sofort servieren.

➤ Variante: Sie können die Pfifferlinge auch durch Austernpilze ersetzen
➤ Beilage: Hierzu schmecken die Pinienkern-Knoblauch-Croutons (S. 11)
➤ Getränk: Weißherbst aus Baden

macht was her | schnell

Lollo rosso mit Steinpilzen

FÜR 4 PERSONEN

- 1 Kopf Lollo rosso
- 8 kleine Steinpilze (ersatzweise Egerlinge)
- 2 EL Zitronensaft
- 3 EL Steinpilzöl
- 3 EL weißer Aceto balsamico
- 4 EL Sonnenblumenöl
- 4 EL Pistazien, grob gehackt
- Salz | weißer Pfeffer

Zubeitung: 20 Min.
➤ Pro Portion: ca. 192 kcal

1 | Den Salat putzen, waschen, mundgerecht zerpflücken und trocknen. In kleinen Nestern auf Tellern anrichten.

2 | Die Pilze putzen, längs in dünne Scheiben schneiden und um den Salat verteilen. Pilzscheiben mit Zitronensaft und Steinpilzöl beträufeln und mit Salz und Pfeffer bestreuen.

3 | Essig und Öl verrühren, salzen, pfeffern und auf den Salatnestern verteilen. Mit gehackten Pistazien bestreuen.

➤ Variante: Wer will kann die Steinpilze auch in Butter anbraten und unter den angemachten Salat mischen
➤ Beilage: Geröstetes Roggenbrot
➤ Getränk: Fruchtiger Müller-Thurgau aus Rheinhessen

TIPP Ganz exklusiv – aber auch teurer – wird es, wenn Sie das Steinpilzöl durch Trüffelöl ersetzen. Eine billigere Alternative ist Haselnussöl.

im Bild oben: Lollo rosso mit Steinpilzen *im Bild unten:* Eichblattsalat mit gebratenen Pfifferlingen ➤

für Gäste | raffiniert

Feldsalat mit Geflügelleber

FÜR 4 PERSONEN

- 400 g Feldsalat
- 8 Zwetschgen
- 2 Schalotten
- 500 g Geflügelleber
- 1 TL Mehl
- 3 EL Olivenöl
- 1 EL Honig
- 3 EL Marsala (ersatzweise Traubensaft)
- 3 EL Aceto balsamico
- Salz | weißer Pfeffer

Zubereitung: 30 Min.
➤ Pro Portion: ca. 282 kcal

1 | Den Feldsalat gründlich putzen, waschen und trocknen. Die Zwetschgen waschen, entkernen und vierteln. Die Schalotten schälen, halbieren und längs in dünne Scheiben schneiden. Die Geflügelleber kalt abbrausen, trockentupfen und in mundgerechte Stücke schneiden. Mit Mehl bestäuben.

2 | Das Öl in einer Pfanne erhitzen. Die Leber rundherum 4–6 Min. anbraten, nach 2 Min. die Zwetschgen und Schalotten zugeben. Mit Salz, Pfeffer und Honig würzen und mit Marsala und Essig ablöschen.

3 | Die warme Leber mit Zwetschgen auf Tellern verteilen und mit dem Bratensatz beträufeln. Den Feldsalat damit anrichten.

➤ Beilage: Brioche, frisch oder geröstet

TIPP
Anstelle des Marsala können Sie auch Portwein oder Sherry verwenden.

edel | gelingt leicht

Rucola mit Trauben und Ziegenkäse

FÜR 4 PERSONEN

- 3 Bund Rucola
- 100 g blaue Trauben
- 50 g weiße kernlose Trauben
- 5 El Traubenkernöl
- 3 El Weißweinessig
- 200 g Ziegenfrischkäse (z. B. Picandou)
- 1 Knoblauchzehe
- 2 El Olivenöl
- 8 dünne Scheiben Baguette
- Salz | weißer Pfeffer

Zubereitung: 30 Min.
➤ Pro Portion: ca. 420 kcal

1 | Den Backofen auf 250° (Umluft 220°) vorheizen. Rucola verlesen und waschen, die Stielenden entfernen, trocknen und auf Tellern in Nestform anrichten. Die Trauben waschen, blaue Trauben halbieren, entkernen und beiseite stellen.

2 | Die weißen Trauben in einem hohen Gefäß mit Traubenkernöl, Essig, Salz und Pfeffer mit dem Pürierstab mixen.

3 | Den Ziegenkäse in 8 Scheiben schneiden. Den Knoblauch schälen, durchpressen und mit dem Olivenöl verrühren. Damit die Baguettescheiben bestreichen und mit je 1 Käsescheibe belegen. Jeweils 2 Baguettescheiben aufeinander setzen und im Backofen (oben) 2 Min. überbacken.

4 | Die Baguettetürmchen auf den Salat setzen, das Dressing über den Rucola gießen. Die Trauben darauf verteilen.

➤ Getränk: Sancerre von der Loire

preiswert | schnell

Lauchsalat mit Apfel

FÜR 4 PERSONEN

- 2 Stangen Lauch
  2 Äpfel
  3 EL Crème fraîche
  6 EL Sahnejoghurt
  2 EL Zitronensaft
  3 EL Haselnussblättchen
  Salz | Pfeffer

Zubereitung: 20 Min.

- Pro Portion: ca. 149 kcal

1 | Den Lauch putzen, längs aufschneiden, gründlich waschen und in feine Ringe schneiden. Die Äpfel waschen, vierteln, Kerngehäuse entfernen, die Schnitze in kleine Würfel schneiden und mit dem Lauch in eine Schüssel geben.

2 | Crème fraîche, Joghurt und Zitronensaft verrühren, salzen und pfeffern. Dressing sofort mit Lauch und Äpfeln mischen und etwas durchziehen lassen. Haselnussblättchen in einer Pfanne trocken anrösten, abkühlen lassen und über den Salat streuen.

asiatisch | kalorienarm

Asia-Sprossen-Salat

FÜR 4 PERSONEN

- 5 Möhren
  1 Bund Radieschen
  250 g Mungbohnensprossen
  2 Frühlingszwiebeln
  5 EL Sojasauce
  3 EL Reisessig (ersatzweise Weißweinessig)
  1 EL Honig
  4 EL geröstetes Sesamöl
  Salz | Pfeffer

Zubereitung: 25 Min.

- Pro Portion: ca. 155 kcal

1 | Die Möhren schälen und mit dem Sparschäler in dünne Streifen hobeln. Die Radieschen waschen, putzen und in dünne Scheiben schneiden. Die Sprossen kurz in kochendem Salzwasser blanchieren, in einem Sieb kalt abbrausen und abtropfen lassen. Frühlingszwiebeln mit dem Grün in Röllchen schneiden.

2 | Sojasauce, Essig, Honig und Sesamöl verrühren, salzen und pfeffern. Mit dem Gemüse mischen und etwas durchziehen lassen.

schmeckt auch kalt

Lauwarmer Kürbissalat

FÜR 4 PERSONEN

- 800 g Kürbis (z. B. Hokkaido- oder Moschuskürbis)
  100 ml Gemüsebrühe
  3 EL Weißweinessig
  2 TL Zucker
  1/2 Döschen Safran (1 g)
  1 klein gehackte rote Chilischote
  1/2 TL zerstoßene Korianderkörner
  Salz

Zubereitung: 35 Min.

- Pro Portion: ca. 65 kcal

1 | Den Kürbis schälen und in dünne 3 cm große Scheiben schneiden. Kerne entfernen.

2 | Gemüsebrühe aufkochen, Kürbis hineingeben. Hitze reduzieren, Essig, Zucker, Salz, Safran, Chili und Koriander dazugeben. Bei geringer Hitze 15 Min. ziehen lassen.

3 | Den bissfesten Kürbis lauwarm servieren, nach Bedarf mit Essig abschmecken.

 im Bild oben rechts: Asia-Sprossen-Salat *unten links:* Lauchsalat mit Apfel *unten rechts:* Lauwarmer Kürbissalat ➤

orientalisch
gut vorzubereiten

Persischer Krautsalat

FÜR 4 PERSONEN

- 1/2 Kopf Weißkohl (600 g)
- 1 EL Salz
- 1 Knoblauchzehe
- 3 El Weißweinessig
- 1 EL Honig
- 1/2 TL gemahlener Kreuzkümmel
- 1 TL rosenscharfes Paprikapulver
- 3 EL Sonnenblumenöl
- 60 g getrocknete Aprikosen
- 60 g Sultaninen
- 50 g Mandelstifte

Zubereitung: 30 Min.
Marinierzeit: 2 Std.
Pro Portion: ca. 278 kcal

1 | Vom Weißkohl die äußeren Blätter entfernen, auf einem Küchenhobel bis auf den Strunk in feine Streifen hobeln. In eine Schüssel geben und einsalzen.

2 | Den Knoblauch schälen, durchpressen und mit Essig, Honig, Kreuzkümmel, Paprika und Öl verrühren. Aprikosen und Sultaninen mit heißem Wasser überbrühen, in ein Sieb abgießen, die Aprikosen klein schneiden. Sauce und Obst zum Kraut geben, mischen und 2 Std. ziehen lassen.

3 | Die Mandelstifte in einer heißen Pfanne trocken goldbraun rösten, abkühlen lassen und über den Salat streuen.

➤ Beilage: Geröstetes Fladenbrot mit Knoblauchbutter

Klassiker auf neue Art
deftig

Birnen-Bohnen-Speck-Salat

FÜR 4 PERSONEN

- 500 g dünne grüne Bohnen
- 1 Bund Bohnenkraut
- 1 Knoblauchzehe
- 2 rote Birnen
- 3 EL Apfelessig
- 4 EL Distelöl
- 2 Schalotten
- 8 Scheiben Frühstücksspeck (100 g)
- Salz | schwarzer Pfeffer

Zubereitung: 30 Min.
Pro Portion: ca. 280 kcal

1 | In einem Topf Salzwasser aufkochen. Die Bohnen putzen und mit dem Bohnenkraut in das kochende Wasser geben und 8–10 Min. garen. Inzwischen eine Schüssel mit Eiswasser zurechtstellen und darin die Bohnen abschrecken und auskühlen lassen. Herausnehmen, gut abtropfen lassen. Bohnenkraut entfernen.

2 | Den Knoblauch schälen und fein würfeln. Die Birnen waschen, halbieren, Kerngehäuse entfernen, die Schnitze in schmale Spalten schneiden und in einer Schüssel mit Knoblauch, Salz, Pfeffer, Essig und 3 EL Öl vermengen.

3 | Die Schalotten schälen und fein würfeln. Den Speck in feine Streifen schneiden. 1 EL Öl erhitzen, den Speck darin knusprig anbraten. Die Schalotten 1 Min. mitbraten, dann die Bohnen hinzufügen und kurz in der Pfanne schwenken. In eine Schüssel füllen, die Birnen mit der Sauce zugeben und mischen.

➤ Beilage: Kräftiges Kümmelbrot
➤ Getränk: Kühles Bier

im Bild oben: Persischer Krautsalat *im Bild unten:* Birnen-Bohnen-Speck-Salat ➤

Spezialität aus Österreich

Steirischer Kartoffelsalat

FÜR 4 PERSONEN

- 1 kg fest kochende Kartoffeln
- 3 Frühlingszwiebeln
- 2 TL gekörnte Brühe
- 4 EL Apfelessig
- 4 EL Apfeldicksaft
- 3 EL Distelöl
- 4 EL Kürbiskerne
- 6 Scheiben Wacholderschinken (ersatzweise Südtiroler Bauernspeck)
- 2 EL Kürbiskernöl
- Salz | weißer Pfeffer

Zubereitung: 50 Min.
Marinierzeit: 1 Std.
Pro Portion: ca. 372 kcal

1 | Kartoffeln waschen und in einem Topf knapp mit Wasser bedeckt zum Kochen bringen, dann die Kartoffeln bei schwacher Hitze in 15–20 Min. zugedeckt garen. Abgießen, noch warm pellen, in dünne Scheiben schneiden und in eine Schüssel geben. Die Frühlingszwiebeln putzen, waschen, mit dem Grün in feine Ringe schneiden und zu den Kartoffeln geben.

2 | Brühe in 80–100 ml heißem Wasser auflösen. Die warme Gemüsebrühe mit Essig, Apfeldicksaft, Salz und Pfeffer würzen, über den Salat geben, mischen und 1 Std. ziehen lassen. Kürbiskerne in einer heißen Pfanne anrösten, abkühlen lassen.

3 | Den Schinken aufrollen. Mit den Kürbiskernen auf dem Salat verteilen und mit Kürbiskernöl beträufeln.

Getränk: Trockener Riesling aus dem Rheingau

TIPP
Das dunkelgrüne Kürbiskernöl ist eine Spezialität aus der Steiermark. Es ist so geschmacksintensiv, dass man es nur ganz sparsam zum Aromatisieren nimmt.

würzig | für Gourmets

Roquefort-Salat mit Portwein-Trauben-Dressing

FÜR 4 PERSONEN

- 3 Stauden Chicorée
- 200 g Roquefort-Käse
- 2 Stangen Staudensellerie
- 200 g kernlose Trauben
- 4 EL gehackte Walnüsse
- 2 EL Traubenkernöl
- 5 EL Portwein
- 2 EL Rotweinessig
- Salz | weißer Pfeffer

Zubereitung: 25 Min.
Pro Portion: ca. 372 kcal

1 | Den Chicoréestrunk großzügig abschneiden, die Blätter waschen, trocknen und auf Tellern anrichten. Den Roquefort in Würfel schneiden und auf dem Chicorée verteilen. Den Staudensellerie waschen, schälen und in dünne Scheiben schneiden. Die Trauben waschen und halbieren.

2 | Walnüsse in einer heißen Pfanne trocken goldgelb anrösten und beiseite stellen. Danach das Öl in die Pfanne geben und darin Sellerie und Trauben kurz anbraten. Mit Portwein und Essig ablöschen und mit Salz und Pfeffer würzen.

3 | Das Dressing warm über den Salat geben und mit den Walnüssen bestreut servieren.

Getränk: Portwein

 im Bild oben: Steirischer Kartoffelsalat *im Bild unten:* Roquefort-Salat mit Portwein-Trauben-Dressing

Winter – Deftiges für Partys

Auch in der kalten Jahreszeit braucht man nicht auf Salatgenuss zu verzichten. Chicorée und Radicchio, typische Wintergemüse wie Winterrettich, Kohl, Rote Bete oder Sauerkraut schmecken mit dem richtigen Dressing ausgezeichnet als Salat. Passend dazu bietet sich die ganze Palette an Zitrusfrüchten an, die es jetzt in Hülle und Fülle gibt. Und wer Linsen und Bohnen nur in der Suppe kennt, wird überrascht sein, wie wunderbar sie für Salate geeignet sind: genau das Richtige für ausgefallene Partysalate, schließlich ist Feiern in jeder Jahreszeit angesagt.

Blitzrezepte

Endivien-Chicorée-Salat

FÜR 4 PERSONEN

➤ 2 Stauden Chicorée | 1 kleiner Kopf Endiviensalat | 3 Blutorangen | 125 g Crème fraîche | 2 EL Apfelessig | 1 TL Zucker | 2 EL Distelöl | 3 EL Kapern Salz | weißer Pfeffer

1 | Den Strunk vom Chicorée großzügig abschneiden, mit dem Endiviensalat zusammen waschen und trocknen. Beides in Streifen schneiden. Mit einem scharfen Messer die Orangenschalen mitsamt der weißen Haut abschneiden, vierteln und in Schnitze teilen, dabei den Saft auffangen.

2 | Saft mit Crème fraîche, Essig, Zucker, Salz, Pfeffer und Öl verrühren. Den Salat in eine Schüssel geben, mit den Orangen und dem Dressing mischen und mit Kapern bestreuen.

Sellerie-Mandel-Salat

FÜR 4 PERSONEN

➤ 1/2 Knolle Sellerie (300 g) | 1/2 Staudensellerie | 75 g Crème fraîche | 75 g Mayonnaise (Rezept S. 8) | 2 EL Amaretto-Likör | 5 EL gehackte Salzmandeln Salz | Pfeffer

1 | Die Sellerieknolle putzen, schälen und in Streifen schneiden oder hobeln. Staudensellerie waschen, putzen und in dünne Scheiben schneiden.

2 | Crème fraîche, Mayonnaise und Amaretto verrühren, sparsam salzen und pfeffern und gut mit dem Sellerie mischen. Etwas durchziehen lassen, dann mit den Salzmandeln bestreuen.

gelingt leicht | mild

Eisbergsalat mit Gurke und Champignons

FÜR 4 PERSONEN

- **1 Kopf Eisbergsalat**
- **1/2 Gurke**
- **1 Kohlrabi**
- **8 Champignons**
- **1 Bund Schnittlauch**
- **1 unbehandelte Zitrone**
- **1 TL Zucker**
- **250 g Sahnejoghurt**
- **100 g Cashewkerne**
- **Salz | weißer Pfeffer**

Zubereitung: 25 Min.
- Pro Portion: ca. 253 kcal

1 | Vom Eisbergsalat die äußeren Blätter entfernen, vierteln, in Streifen schneiden, waschen und trocknen. Die Gurke schälen, längs halbieren, Kerne mit einem Löffel herausschaben und in Scheiben schneiden. Den Kohlrabi waschen, schälen, halbieren, die Champignons putzen. Beides in dünne Scheiben schneiden. Alles in eine Schüssel geben und mischen. Den Schnittlauch waschen und in Röllchen schneiden.

2 | Die Zitrone heiß waschen, mit einem Zestenreißer Streifen von der Schale abziehen und beiseite stellen. Die Zitrone auspressen, den Saft mit dem Zucker, dem Joghurt, Salz, Pfeffer und der Hälfte des Schnittlauchs vermischen.

3 | Die Cashewkerne in einer heißen Pfanne trocken anrösten. Die Sauce über den Salat geben und mit restlichem Schnittlauch, Zitronenschale und Cashewkernen bestreuen.

- Beilage: Zu gebratenem Fisch
- Getränk: Markgräfler Gutedel

Vitaminbombe

Rote-Bete-Salat mit Orangen

FÜR 4 PERSONEN

- **4 Orangen**
- **2 rote Zwiebeln**
- **250 g Camembert-Käse**
- **4 vorgekochte Rote Bete**
- **3 EL weißer Aceto balsamico**
- **5 EL Sonnenblumenöl**
- **1 Kästchen Kresse**
- **Salz | weißer Pfeffer**

Zubereitung: 25 Min.
- Pro Portion: ca. 346 kcal

1 | Von den Orangen mit einem scharfen Messer Schale mitsamt der weißen Haut abschneiden, dann die Filets zwischen den Trennhäuten herauslösen, dabei den Saft auffangen.

2 | Die Zwiebeln schälen und in dünne Ringe schneiden. Den Camembert in Scheiben schneiden. Die Roten Bete evtl. schälen, in dünne Scheiben hobeln und auf Tellern anrichten. Die Zwiebelringe, Orangenfilets und den Käse darauf verteilen.

3 | Den Orangensaft mit Essig und Öl verrühren, salzen und pfeffern und über den Salat verteilen. Die Kresse kurz unterhalb der Blättchen abschneiden und den Salat damit dekorieren.

- Beilage: Roggentoast
- Getränk: Beaujolais primeur

im Bild oben: **Eisbergsalat mit Gurke und Champignons** *im Bild unten:* **Rote-Bete-Salat mit Orangen** ➤

raffiniert
gut vorzubereiten

Chinakohl-Fenchel-Salat mit Forelle

FÜR 4 PERSONEN

- 2 Fenchelknollen
- 300 g Chinakohl
- 2 rote Birnen
- 3 EL Orangensaft
- 1 EL Pernod (ersatzweise Pastis)
- 3 EL Apfelessig
- 4 EL Sahne
- 5 EL Sonnenblumenöl
- 4 geräucherte Forellenfilets
- Salz | weißer Pfeffer

Zubereitung: 25 Min.
Marinierzeit: 1 Std.
Pro Portion: ca. 295 kcal

1 | Vom Fenchel das Grün abschneiden und beiseite legen. Fenchel und Chinakohl waschen, putzen, in feine Streifen schneiden und in eine Schüssel geben.

2 | Die Birnen waschen, vierteln, Kerngehäuse entfernen und die Schnitze längs in dünne Scheiben schneiden. Sofort mit dem Orangensaft begießen. Pernod, Essig, Sahne und Öl verrühren, salzen und pfeffern. Dressing über den Salat geben und 1 Std. marinieren.

3 | Das Fenchelgrün waschen und in kleine Zweige zupfen. Die Forelle in mundgerechte Stücke schneiden und mit dem Salat vermischen. Mit dem Fenchelgrün dekorieren.

Getränke: Mit Wasser verdünnter Pernod oder ein Soave aus Venetien

pikant | macht was her

Mexikanischer Feldsalat in Tortilla

FÜR 4 PERSONEN

- 400 g Feldsalat
- 250 g Kirschtomaten
- 2 rote Zwiebeln
- 150 g Cheddar-Käse
- 1 Dose Mais (Abtropfgewicht 285 g)
- 1 Avocado
- 4 EL Limettensaft
- 1 EL Honig
- 1/2 TL Chilipulver
- 4 El Sonnenblumenöl
- 4 Tortillas (Fertigprodukt)
- Salz

Zubereitung: 35 Min.
Pro Portion: ca. 694 kcal

1 | Den Feldsalat gründlich putzen, waschen und trocknen. Die Tomaten waschen und vierteln. Die Zwiebeln schälen, halbieren und in Ringe schneiden. Den Käse grob raspeln, den Mais in einem Sieb mit Wasser abbrausen und abtropfen lassen. Alles in eine Schüssel geben.

2 | Die Avocado halbieren, entkernen, aus der Schale lösen, längs in Scheiben schneiden und mit dem Limettensaft mischen. Honig, Salz, 1/4 TL Chilipulver und das Öl dazugeben. Alles in der Schüssel mischen.

3 | Die Tortillas bis zur Mitte einschneiden und zu Trichtern aufdrehen. Salat einfüllen und mit restlichem Chilipulver und evtl. Käse bestreuen.

TIPP

Sie können den Salat auch mit roten Paprikawürfeln oder Kidneybohnen anreichern. Ganz mexikanisch schmeckt's mit 1/2 TL Kreuzkümmel im Dressing.

im Bild oben: Chinakohl-Fenchel-Salat mit Forelle *im Bild unten:* Mexikanischer Feldsalat in Tortilla raffiniert | scharf

Ananas-Zwiebel-Salat

FÜR 4 PERSONEN

- 3 Gemüsezwiebeln
  500 g Ananas
  50 g Mayonnaise
  4 EL Zitronensaft
  2 EL Honig
  je 1 TL Curry- und edelsüßes Paprikapulver
  1/2 TL Cayennepfeffer
  3 EL Sonnenblumenöl
  1 Hand voll Lauchsprossen
  Salz

Zubereitung: 15 Min.
Marinierzeit: 1 Std.
- Pro Portion: ca. 323 kcal

1 | Die Zwiebeln schälen, halbieren und in dünne Scheiben schneiden. Ananas vierteln, Strunk herausschneiden, das Fruchtfleisch aus der Schale lösen und in dünne Scheiben schneiden. Beides in eine Schüssel geben.

2 | Mayonnaise mit Zitronensaft, Honig, Gewürzen und Salz abschmecken, Öl unterrühren. Salat mischen, 1 Std. ziehen lassen. Sprossen abbrausen und über Salat geben.

pikant | deftig

Bohnensalat mit Salbei

FÜR 4 PERSONEN

- 250 g weiße Bohnen (aus der Dose)
  1 Gemüsezwiebel
  2 Knoblauchzehen
  4 Fleischtomaten
  6 Salbeiblätter
  5 EL Olivenöl
  1 getrocknete Chilischote
  1 EL brauner Zucker
  3 EL Rotweinessig
  Salz | schwarzer Pfeffer

Zubereitung: 30 Min.
- Pro Portion: ca. 214 kcal

1 | Die Bohnen in ein Sieb geben, abbrausen und abtropfen lassen. Zwiebel und Knoblauch schälen und fein würfeln. Die Tomaten waschen und würfeln. Salbei in Streifen schneiden.

2 | 2 EL Öl in einer Pfanne erhitzen. Zwiebeln, Knoblauch und Chilischote anbraten. Salbei und Tomaten zugeben, mitdünsten, mit Zucker, Essig, Salz und Pfeffer abschmecken und über die Bohnen geben. Restliches Öl zufügen.

exotisch | gelingt leicht

Rotkrautsalat mit Datteln

FÜR 4 PERSONEN

- 400 g Rotkraut
  6 Datteln
  1 rosa Grapefruit
  3 EL Aceto balsamico
  2 EL Orangenmarmelade
  2 EL körniger Senf
  je 3 EL Oliven- und Walnussöl
  Salz | Pfeffer

Zubereitung: 25 Min.
Marinierzeit: 30 Min.
- Pro Portion: ca. 219 kcal

1 | Das Rotkraut putzen und halbieren, den Strunk entfernen, dann in Streifen hobeln. Datteln entkernen und in Streifen schneiden. Mit einem scharfen Messer die Schale mit der weißen Haut von der Grapefruit entfernen, filetieren, dabei den Saft auffangen.

2 | Grapefruitsaft, Essig, Marmelade, Senf und Öl verrühren, salzen und pfeffern. Marinade über das Kraut gießen, 30 Min. durchziehen lassen, dann die Datteln und Grapefruitfilets untermischen.

im Bild oben: Rotkrautsalat mit Datteln *Mitte:* Ananas-Zwiebel-Salat *unten:* Bohnensalat mit Salbei ➤

gelingt leicht | scharf

Winterrettichsalat mit Graved Lachs

FÜR 4 PERSONEN

- **500 g schwarzer Winterrettich**
- **1/2 Bund Kerbel**
- **1 TL Zucker**
- **1 EL Zitronensaft**
- **200 g Schmand**
- **1 EL Wasabi aus der Tube (ersatzweise Meerrettich)**
- **12 Scheiben Graved Lachs**
- **Salz**

Zubereitung: 20 Min.
Marinierzeit: 30 Min.
Pro Portion: ca. 323 kcal

1 | Den Rettich putzen, waschen, gut abbürsten, trocknen, halbieren, ganz fein in eine Schüssel hobeln, einsalzen und ausdrücken. Den Kerbel waschen und die Blättchen abzupfen.

2 | Den Zucker im Zitronensaft auflösen und mit Schmand und Wasabi verrühren, über den Rettich geben und 30 Min. durchziehen lassen.

3 | Die Lachsscheiben einzeln in Rosen aufdrehen, mit dem Salat anrichten und mit Kerbel dekorieren.

Getränk: Grüner Tee

TIPP Falls der Winterrettich zu scharf ist, etwas Milch beim Einsalzen hinzufügen. Salzige Milch abgießen. Milder wird's mit weißem oder rotem Rettich.

für Festtage | für Gäste

Radicchio mit Entenbrust

FÜR 4 PERSONEN

- **2 Entenbrüste (à 250 g)**
- **1 TL Kräuter der Provence**
- **2 Knoblauchzehen**
- **300 g Radicchiosalat**
- **1 Mango**
- **3 EL Preiselbeeren (aus dem Glas)**
- **3 EL Rotweinessig**
- **je 1 Msp. Zimtpulver und gemahlener Piment**
- **5 EL Olivenöl**
- **Salz | schwarzer Pfeffer**

Zubereitung: 30 Min.
Pro Portion: ca. 450 kcal

1 | Die Entenbrüste auf der Hautseite rautenförmig einritzen, mit Salz, Pfeffer und Kräutern der Provence würzen. Die Knoblauchzehen mit Schale leicht andrücken. Eine Pfanne ohne Öl erhitzen, darin die Entenbrüste mit der Hautseite zuerst 5 Min. anbraten, wenden, Knoblauch zugeben und weitere 4 Min. braten. Vom Herd ziehen und zugedeckt 10 Min. ruhen lassen.

2 | Den Radicchio vierteln, den Strunk herausschneiden, waschen und trocknen. Die Mango schälen und in Streifen vom Kern schneiden. Die Preiselbeeren mit Rotweinessig, Zimt, Piment, Salz und Pfeffer würzen und mit dem Öl verrühren.

3 | Die Entenbrust schräg in dünne Scheiben schneiden. Die Radicchioblätter mit der Mango auf Tellern anrichten, die Sauce darüber geben und die Ente darauf verteilen.

TIPP Ganz weihnachtlich wirkt der Salat, wenn man mit einem Förmchen Sterne aus geröstetem Toastbrot aussticht und dazu serviert.

im Bild oben: Radicchio mit Entenbrust *im Bild unten:* Winterrettichsalat mit Graved Lachs

als Hauptgericht | deftig

Warmer Linsensalat mit Lamm

FÜR 4 PERSONEN

➤ **1 Möhre**
je 100 g Le Puy-Linsen und rote Linsen
2 Schalotten
2 EL grobkörniger Senf
3 EL Rotweinessig
1 EL Honig
5 EL Olivenöl
3 Zweige Rosmarin
8 Lammfilets (ca. 550 g)
Salz | schwarzer Pfeffer

Zubereitung: 1 Std.
➤ Pro Portion: ca. 458 kcal

1 | Die Möhre schälen und in feine Würfel schneiden. Die Linsen mit Wasser bedeckt in einen Topf geben und ca. 30 Min. sanft köcheln lassen. Die roten Linsen, Möhren und 1 TL Salz zugeben, weitere 10 Min. kochen. In ein Sieb abgießen, abtropfen lassen und in eine Schüssel füllen.

2 | Die Schalotten schälen, fein würfeln, zu den Linsen geben und mit dem Senf, Essig, Honig, Salz, Pfeffer und 3 EL Olivenöl abschmecken.

3 | Den Rosmarin waschen und ein paar Spitzen zum Dekorieren beiseite legen. Die Lammfilets salzen und pfeffern. Restliches Öl in einer Pfanne erhitzen und darin das Lamm mit dem Rosmarin rundherum 4 Min. anbraten, vom Herd ziehen, 5 Min. ruhen lassen und schräg in Scheiben schneiden.

4 | Die Linsen auf Tellern anrichten, das Lamm darauf setzen und mit Rosmarin dekorieren.

➤ Beilage: Frisches Baguette
➤ Getränk: Cabernet Sauvignon aus Südafrika

crossover | scharf

Spaghettini mit Kokos-Curry-Dressing

FÜR 4 PERSONEN

➤ **1 rote Paprikaschote**
1 Dose Ananas (Abtropfgewicht 260 g)
1 Stange Lauch
1 Knoblauchzehe
1 1/2 TL gekörnte Brühe
1 TL gelbe thailändische Currypaste
200 ml Kokosmilch
Saft von 1 Limette
2 EL Sojaöl
Salz
250 g Spaghettini

Zubereitung: 30 Min.
Marinierzeit: 1 Std.
➤ Pro Portion: ca. 352 kcal

1 | Paprikaschote waschen, halbieren, putzen und in feine Streifen schneiden. Ananas abtropfen lassen, klein würfeln. Den Lauch putzen, den hellen Teil in feine Ringe schneiden, waschen und abtropfen lassen. Alles in eine Schüssel geben.

2 | Knoblauch schälen und fein würfeln. Brühepulver und Currypaste mit 2 EL heißem Wasser glatt rühren, Kokosmilch, Limettensaft, Öl und Knoblauch zugeben und mit Salz abschmecken.

3 | Die Spaghettini nach Packungsanweisung in Salzwasser bissfest garen. Abgießen und sofort mit den übrigen Zutaten und der Sauce vermengen. Abkühlen und 1 Std. ziehen lassen.

im Bild oben: Spaghettini mit Kokos-Curry-Dressing *im Bild unten:* Warmer Linsensalat mit Lamm ➤

Zum Gebrauch
Damit Sie Rezepte mit bestimmten Zutaten noch schneller finden können, stehen in diesem Register zusätzlich auch beliebte Zutaten wie Salatkräuter oder Tomaten – ebenfalls alphabetisch geordnet und **halbfett** gedruckt – über den entsprechenden Rezepten.

Die Autorin

Petra Schurk ist Köchin aus Leidenschaft. Nach ihrem Germanistikstudium absolvierte sie zahlreiche Praktika bei namhaften Küchenchefs, arbeitete bei verschiedenen Cateringfirmen und führte kurzzeitig ihr eigenes kleines Lokal in Karlsruhe. Ihre Arbeit bei der TV-Kochshow Kochduell machte sie einem breiten Publikum bekannt. Dort beweist sie Schnelligkeit am Herd, aber auch immer wieder Kreativität und den richtigen Geschmack.

Die Fotografen

Susie M. und **Pete A. Eising** haben Studios in München und Kennebunkport, Maine (U.S.A.). Sie studierten an der Fachakademie für Fotodesign in München, wo sie 1991 ihr eigenes Studio für Food Fotografie gründeten. Die Fotos in diesem Buch stammen von Martina Görlach und Andrea Holzer.

Hinweis

Die Temperaturstufen bei Gasherden variieren von Hersteller zu Hersteller. Welche Stufe Ihres Herdes der jeweils angegebenen Temperatur entspricht, entnehmen Sie bitte der Gebrauchsanweisung.

Bildnachweis

Teubner Foodfoto: S. 4 u., S. 5 Bild 1, S. 5 Bild 2, S. 6, S. 7 Bild 2-4, S. 8, S. 9 o.l., S. 9 o.M., S. 9 u.l., S. 9 u.r., S. 64, U 4 Mitte.
Brigitte Sauer, Nürnberg: S. 4 o., S. 27, S. 30
Reiner Schmitz, München: Innentitel
Alle anderen: FoodPhotographie Eising

Impressum

Redaktionsleitung: Birgit Rademacker
Redaktion: Tanja Dusy
Lektorat: Monika Arndt
Herstellung: Maike Harmeier
Satz und DTP: Design Typo-Print, Ismaning
Reproduktion: Appl, Wemding
Druck: Appl, Wemding
Bindung: Sellier, Freising

ISBN 3-7742-4897-4

Auflage 5. 4.
Jahr 2006 05 04

Das Original mit Garantie

Ihre Meinung ist uns wichtig. Deshalb möchten wir Ihre Kritik, gerne aber auch Ihr Lob erfahren. Um als führender Ratgeberverlag für Sie noch besser zu werden. Darum: Schreiben Sie uns! Wir freuen uns auf Ihre Post und wünschen Ihnen viel Spaß mit Ihrem GU-Ratgeber.

Unsere Garantie: Sollte ein GU-Ratgeber einmal einen Fehler enthalten, schicken Sie uns das Buch mit einem kleinen Hinweis und der Quittung innerhalb von sechs Monaten nach dem Kauf zurück. Wir tauschen Ihnen den GU-Ratgeber gegen einen anderen zum gleichen oder ähnlichen Thema um.

Ihr Gräfe und Unzer Verlag
Redaktion Kochen
Postfach 86 03 25
81630 München
Fax: 089/41981-113
e-mail: leserservice@graefe-und-unzer.de

BLATTSALATE

- Frische knackige Ware wählen
- Nicht zu lange im Gemüsefach des Kühlschranks, in einer luftigen (möglichst perforierten) Plastiktüte lagern
- Wenn der Salat schlapp macht: Stielansatz neu anschneiden und vorsichtig in ein nasses Küchenhandtuch wickeln

Geling-Garantie für Salate

KONSERVEN

- Frischer Salat und Gemüserohkost sind natürlich vorzuziehen
- Bestimmte Produkte sparen aber Zeit und sind prima Sattmacher: Mais, weiße oder Kidneybohnen, Kichererbsen
- Andere Produkte sind noch das i-Tüpfelchen auf Ihrem Salat: Artischockenherzen, eingelegte Gemüse oder eingelegte getrocknete Tomaten

MENGEN

- Richtwert für Beilagensalat: für 4 Personen 1 Kopf Salat. Dazu verkraftet man im Regelfall noch rund 200 g Gemüse, wie z. B. Paprika oder Tomaten
- Für Sattmacher-Salate einfach etwas mehr Gemüse zum Salatkopf nehmen und Käse, Ei, Nüsse oder geröstete Brotscheibchen dazu reichen

EINKAUF

- Möglichst saisonale ungespritzte Freilandware auf dem Markt oder im Bioladen kaufen
- Auf braun geränderte Blätter achten: Sie verraten einen hohen Nitratwert! Liegen lassen
- Abgepackte fertig geputzte Salate nur in Notfällen nehmen. Sie haben bereits Vitamine verloren und sind anfällig für Sporen und Pilze